L'Église de SAINT-ÉTIENNE DU MONT

GUIDE ILLUSTRÉ

par E. DUMOUTHIER

PRIX : 5 FR.

L'ÉGLISE

DE

SAINT-ÉTIENNE-DU-MONT

L'ÉGLISE
DE
SAINT-ETIENNE-DU-MONT

PAR

Ernest DUMONTHIER

Administrateur honoraire du Mobilier National

PARIS

LIBRAIRIE PICART

59, Boulevard Saint-Michel

—

1926

EGLISE DE SAINT-ETIENNE-DU-MONT
adossée à l'anciene abbaye de Sainte-Geneviève aujourd'hui démolie
(XVIIe siècle)

I

HISTORIQUE

Saint-Etienne-du-Mont est une des plus curieuses églises de la capitale, où la Renaissance se marie élégamment avec le style ogival. Elle possède un remarquable jubé, le seul qui existe encore à Paris. *(Description page 22)*.

Edifiée en 1222 sous le vocable de *saint Etienne*, premier martyr, pour servir de paroisse aux habitants du bourg de Sainte-Geneviève, cette église, ou plutôt cette chapelle, fut adossée à l'ancienne abbaye royale de Sainte-Geneviève, aujourd'hui démolie (1), dont elle n'était

(1) L'Abbaye royale de Sainte-Geneviève fut fondée vers l'an 508, par le roi *Clovis*, sur l'une des collines de la rive gauche de la Seine que les Romains, au temps de leur occupation, avaient dénommée « *Mons Leucotitius* ».

La crypte de cette abbaye servait de sépulture. Elle contenait, entre autres tombeaux, celui de son royal fondateur, le roi Clovis, mort en 511, ceux de *sainte Geneviève* et de la reine *Clotilde*, mortes, la première en 512, et la seconde en 545. Primitivement dédiée aux apôtres *saint Pierre* et *saint Paul*, cette abbaye prit le nom de « *basilique de Sainte-Geneviève* » au IX° siècle, quand les restes de la sainte devinrent l'objet de la vénération des fidèles.

Incendiée par les Danois en 857, elle fut rebâtie de 1176 à 1191 par Etienne de Tournay, abbé de Sainte-Geneviève.

Au XIII° siècle, sous Philippe-Auguste, elle fut comprise, ainsi qu'une partie de ses dépendances, dans la nouvelle enceinte fortifiée de Paris.

En 1757, Louis XV décida de remplacer la vieille basilique qui, d'ailleurs, menaçait ruine, par un vaste temple destiné à abriter la châsse de *sainte Geneviève*, devenue la patronne de Paris. L'architecte *Soufflot* fut chargé de dresser les plans de la nouvelle église qui, au moment de la Révolution, n'était pas encore terminée.

Affectée par la Constituante à la sépulture des grands hommes, cette nouvelle église prit, peu de temps après, le nom de *Panthéon*. En raison des événements, les reliques de la sainte n'y furent jamais transportées.

En 1793, le 21 décembre, ces reliques furent brûlées place de

qu'une simple dépendance. N'ayant, en effet, aucune issue avec l'extérieur, pour la soustraire à la juridiction de l'évêque de Paris, les fidèles, pour y pénétrer, étaient obligés de passer par l'abbaye avec laquelle elle communiquait.

En 1491, cette chapelle étant devenue insuffisante pour le nombre des fidèles qui la fréquentaient, les Génovéfains, religieux de l'abbaye, permirent, non sans quelques difficultés et sous certaines conditions, au curé et aux marguilliers de la reconstruire sur un plan plus vaste et d'y affecter les offrandes perçues pour l'usage du lait et du beurre en carême. Ils les autorisèrent également à ouvrir une porte extérieure sur la rue, consacrant ainsi l'indépendance de la nouvelle église.

Les travaux de fondation commencèrent dès 1492 sur un terrain donné par l'abbaye, et l'édification de l'église dura plus d'un siècle (1).

L'abside, le campanile, le chœur, les bas-côtés, le jubé, les chapelles latérales côté nord, puis celles côté sud, furent successivement édifiés ou commencés. Un moment interrompus, les travaux reprirent en 1580. On termina les voûtes de la grande nef et celles des transepts, on construisit la chapelle de la communion et les charniers. Dès 1606, on commença la façade, y compris le portail, sur les plans de *Claude Guérin*.

Le 2 août 1610, *Marguerite de Valois*, ex-femme du roi Henri IV, posa la première pierre du portail et fit don d'une somme de 3.000 livres pour son achèvement qui eut lieu en 1622.

Grève et la châsse qui les contenait envoyée à la Monnaie pour y être fondue. Cette châsse, exécutée vers 1252, en or et en argent, était l'œuvre de l'orfèvre *Bonard*.

L'ancienne abbaye, qui occupait l'emplacement de l'actuelle rue Clovis et du Lycée Henri IV, où l'on aperçoit une série de baies ogivales du réfectoire de l'ancien cloître des Génovéfains, fut démolie en 1807. On voit encore enclavée dans les bâtiments de ce lycée une vieille tour dénommée « *Tour Clovis* », vestige de cet antique édifice qui fut célèbre pendant plus de quatorze siècles.

(1) Nous avons emprunté des noms et de nombreuses dates à MM. Charles Terrasse et Ernest Coyecque, les érudits archivistes paléographes, qui ont retrouvé sur l'Église de Saint-Etienne-du-Mont, de curieux et intéressants documents.

DEMOLITION, EN 1807,
DE L'ANCIENNE ABBAYE DE SAINTE-GENEVIEVE
(Dessin de Mme Duchâteau)

Sur cette première pierre, on grava l'inscription suivante aujourd'hui disparue :

Deo favente
S. Stephano deprecante et auspiciis
Margaritæ valesiæ
reginæ
Anno domini 1610 — 2 augusti

La nouvelle église fut solennellement consacrée, sous le règne de Louis XIII, le 15 février 1626, par *Jean-François de Gondi*, archevêque de Paris (1).

La chaire actuelle, exécutée sur les dessins de *Laurent de la Hire*, ne fut construite que plus tard, vers 1640. (*Description page 20.*)

C'est dans cette église qu'en décembre 1653, un jeune fanatique arracha l'hostie des mains du prêtre qui officiait. Condamné à avoir le poignet coupé et à être pendu, son corps fut brûlé place Maubert.

Comme amende honorable, on décida que tous les ans, à pareille époque, une procession solennelle aurait lieu à laquelle le roi et la cour assisteraient, chacun portant un cierge. Cet usage se continua jusqu'en 1789.

Au début de la Révolution, l'exercice du culte fut interrompu. Convertie, sous le Directoire, en « *Temple de la Piété Filiale* », Saint-Etienne-du-Mont, comme plusieurs églises de Paris, notamment comme celle de Saint-Médard, fut livré aux théophilanthropes (2). Rendue au culte catholique en 1801, les offices n'y furent cependant régulièrement célébrés qu'en 1803, après la signature du Concordat.

C'est également à Saint-Etienne-du-Mont qu'en 1857, le 3 janvier, au commencement de la neuvaine, Mgr *Sibour*,

---

(1) Une plaque placée sur le mur du bas-côté gauche (intérieur), au pied de la tour du clocher, porte une inscription qui en rappelle le souvenir. Au-dessous, une autre inscription relate un accident survenu pendant la cérémonie : deux filles de la paroisse tombèrent de la galerie du chœur entraînant dans leur chute la balustrade d'appui. Elles furent miraculeusement préservées ainsi que les assistants.

(2) Nom donné à des disciples de Voltaire et de J.-J.-Rousseau qui, sous le Directoire, formèrent une secte dont l'influence fut de courte durée.

archevêque de Paris, fut assassiné à l'entrée de la grande nef, par un prêtre interdit, nommé Jean Verger (1).

(1) Une plaque en marbre blanc incrustée dans le dallage à l'entrée de la grande nef rappelle l'endroit où Mgr *Sibour* fut frappé :

III Janvarii
MDCCCLVII
in pace.

Mgr SIBOUR

EGLISE DE SAINT-ETIENNE-DU-MONT

EXTÉRIEUR

LA FAÇADE (¹)

La façade principale, qui donne sur la place Sainte-Geneviève, est de style Renaissance. Elle est percée de trois portes, dont une centrale, en chêne sculpté, de six fenêtres et de quatre rosaces. On y accède par un enmarchement irrégulier.

Outre le portail, qui constitue son élément principal de décoration et dont on trouvera plus loin la description, cette façade est ornée de petits pylônes et de colonnettes supportant des vases et autres ornements.

A l'extrémité gauche de la façade, on remarque une petite tourelle à toit pointu couvert en ardoises. Construite à la même époque que la façade (1609), cette tourelle devait porter, suivant convention avec les Génovéfains, outre les armes de l'abbaye de Sainte-Geneviève, une inscription rappelant les droits de cette abbaye sur la nouvelle église.

Les armes et l'inscription ont disparu.

Les façades latérales présentent avec des gargouilles, une suite d'arc-boutants et de contreforts surmontés de pinacles et n'ont rien de particulier qu'il soit intéressant de signaler.

LE PORTAIL (²)

Le portail, proprement dit, édifié comme la façade en 1609-1610 sur les dessins de CLAUDE GUÉRIN, est surmonté

(1) La façade, y compris le portail, ont été complètement restaurés de 1861 à 1868 par l'architecte *Victor Baltard*, Directeur des travaux de la Ville de Paris.

(2) Les principaux éléments de décoration du portail, bas-reliefs, statues, etc., datent du Second Empire, lors de la restauration de la façade.

Cliché G. Dumonthier.

LE PORTAIL

d'un fronton triangulaire (H. 2 m. 90 × 16 m. L.), soutenu par quatre colonnes composites avec bagues et cha-
piteaux.

Dans le tympan du fronton triangulaire :
Un bas-relief en pierre, par AUGUSTE DEBRAY, représente :

La Résurrection du Christ (1861).

Au-dessous- l'inscription latine :

« *Stephano archimartyri sacrum*

De chaque côté de la porte, dont les vantaux sont en
chêne sculpté (XVIIe siècle), dans des niches, deux statues mesurant plus de 2 mètres de hauteur (1861) :

Sainte Geneviève par HÉBERT et **Saint Etienne** par
RAMUS.

Directement au-dessus de la porte principale : un autre
bas-relief demi-circulaire par GABRIEL THOMAS représente :
La Lapidation de saint Etienne (1861).

Au-dessous, l'inscription latine :

« *Lapis templum Domini des truit lapis astruit.* »

Dans les tympans :

Deux femmes ailées couchées, par AIMÉ MILLET (1761).

De chaque côté, deux bas-reliefs en pierre :

Anges soutenant un candélabre par SCHROEDER (1861).

Au-dessus, au milieu d'une guirlande de fleurs, le **Monogramme de sainte Geneviève.**

La partie qui forme couronnement, directement située
au-dessus du fronton triangulaire, est percée d'une rosace
à dentelures découpées en arabesques. De chaque côté,
deux statues en pierre, de plus de 2 mètres de hauteur,
par J. FÉLON (1861) :

La Vierge en prière et **l'Ange Gabriel.**

Au-dessus de la rosace, un fronton demi-circulaire renferme les *armes de France* et *de Navarre*, surmontées de

la couronne royale et accostées de deux anges, dont l'un porte une croix.

Enfin, la partie supérieure formant pignon à angle aigu est percée d'un oculus ovale encadré de divers ornements.

Au-dessous : **Le Monogramme de saint Etienne.**

Une croix en pierre, posée sur un fleuron à têtes d'ange, termine le pignon.

LA TOUR DU CLOCHER

A gauche, un peu en arrière de la façade, se dresse une tour carrée surmontée d'un lanterneau octogone percé de sept baies cintrées.

Cette tour, construite vers l'an 1500, ne devait être,

TOUR DU CLOCHER

d'après une convention passée entre le curé et les marguilliers de la nouvelle chapelle d'une part, et, d'autre part, avec les abbés de l'ancienne abbaye de Sainte-Geneviève, qu'un simple campanile sans aiguille, ni pointe, dont la hauteur ne devait pas dépasser 3 ou 4 toises.

En 1624, après l'achèvement de la façade, vraisemblablement sur les instances des marguilliers, les Génovéfains donnèrent l'autorisation de surélever la tour et d'y placer quatre cloches.

On peut, d'ailleurs, remarquer qu'au premier étage les baies sont de style gothique, tandis que celles du second étage sont en plein cintre.

Les travaux durèrent de 1624 à 1628, sous la direction du maître-maçon *Jean Thierry*.

Ces cloches qui s'y trouvent encore, mues aujourd'hui électriquement, servent à appeler les fidèles aux offices.

Une petite tourelle ronde adossée à la tour contient l'escalier à vis qui permet d'accéder à la plate-forme et au clocher proprement dit.

Quant au lanterneau de construction plus récente, il abrite, aussi, une cloche que l'on peut apercevoir de la place et qui sert de sonnerie à l'horloge dont les cadrans sont placés au-dessous de la balustrade qui couronne la tour.

Au pied de la tour, sur la rue Saint-Etienne-du-Mont, se trouve un petit portail avec perron donnant accès au bas-côté gauche de l'église.

PROCESSION DE LA CHASSE

INTERIEUR DE L'EGLISE DE SAINT-ETIENNE-DU-MONT
La Chaire. — Le Jubé. — Le Chœur.

III

INTÉRIEUR

LES COLONNES, LES VOUTES

L'Eglise a la forme d'une croix latine avec bas-côtés et chapelles latérales.

Dix grandes colonnes rondes soutenant les voûtes ogivales séparent la grande nef des bas-côtés. Ces colonnes sont réunies entre elles, à la moitié environ de leur hauteur, par des arcades cintrées supportant une étroite galerie supérieure.

Des nervures partant de l'extrémité des colonnes se croisent au centre des voûtes. Celles de la voûte où viennent aboutir les transepts retombent en forme de pendentifs curieusement sculptés. Le plus important de ces pendentifs est celui situé presqu'au-dessus du jubé et qui a près de 5 m. de saillie. Les triangles curvilignes formés par les nervures sont décorés des noms des quatre évangélistes, de leurs attributs, de têtes d'anges, etc...

LE CHŒUR

Le chœur, qui a la forme d'une demi-ellipse, date de 1537. Il est limité par 12 colonnes rondes, reliées entre elles par une galerie supérieure semblable à celle de la nef où l'on accède par les escaliers du jubé.

On remarquera que le chœur ne se trouve pas exactement situé dans l'axe de la grande nef qui oblique légèrement vers le nord (1).

(1) Au XVIᵉ siècle, on commençait généralement la construction d'une église par l'abside ; dès l'achèvement de l'abside et du chœur de Saint-Etienne-du-Mont, l'architecte a dû se rendre compte de la nécessité où il se trouvait de dévier la grande nef pour la faire aboutir au centre de la façade et éviter de venir buter sur le mur de l'ancienne abbaye qui existait encore.

Cliché G. Dumonthier.

PENDENTIF LE PLUS IMPORTANT

PORTRAIT TISSE EN VELOURS DE S. S. LE PAPE PIE VII
qui, le 10 janvier 1805,
officia en l'Eglise de Saint-Etienne-du-Mont

Dans le chœur, se trouve un double rang d'anciennes stalles en chêne sculpté ainsi qu'un orgue d'accompagnement.

Le maître-autel, d'un style spécial, est en marbre vert veiné. Le 10 janvier 1805, LE PAPE PIE VII y célébra la messe. Une inscription, placée derrière l'autel, en rappelle le souvenir. Une autre inscription indique aussi que le cœur de Mgr DE VOISINS, ancien curé de Saint-Etienne-du-Mont, et un de ses bienfaiteurs, mort évêque de Saint-Flour, est conservé à cet endroit.

Au-dessus de l'autel, dans la galerie supérieure, se trouve une châsse moderne.

Autrefois, il existait derrière le chœur un grand bas-relief attribué à GERMAIN PILON, représentant **Jésus-Christ au Jardin des Oliviers**, et deux autres plus petits figurant **Saint Pierre** et **Saint Paul.**

L'église est éclairée par de larges fenêtres ogivales à meneaux laissant pénétrer une abondante lumière. De remarquables vitraux ornent plusieurs de ces baies (*Nous en donnons la description page 39*).

LES ORGUES

Les grandes orgues placées au-dessus de la porte d'entrée occupent toute la longueur de la nef centrale.

De belles boiseries en chêne sculpté (XVIIe siècle) en composent les deux buffets superposés, soutenus aux extrémités par deux énormes cariatides. Au sommet, une belle figure du Christ debout entouré de deux anges. Ces buffets sont, en outre, décorés de plusieurs bas-reliefs en bois sculpté.

Derrière les orgues, l'on aperçoit la grande rosace du portail (3 m. 80 de diamètre) ornée d'une verrière dont le sujet représente :

Au centre, **Le Christ assis sur un dauphin** ; autour, **Dieu le Père**, des **Anges** et des **Evêques.**

Cette verrière du XVIIe siècle (don de Mme SOUFFLET-VERD) a été complètement restaurée en 1874, par JOSEPH FELON, pour le prix de 2.800 francs.

LA CHAIRE

La chaire, en bois de chêne sculpté, date de 1640. Elle a été exécutée par Germain Pilon, menuisier d'art (1), qui reçut pour ce travail 4.800 livres, somme importante pour l'époque. Les sculptures qui ornent cette chaire, d'après les dessins de LAURENT DE LA HIRE, peintre renommé de l'Ecole de Fontainebleau, sont dues à CLAUDE L'ESTOCART.

Sur le pourtour de la chaire, sept statues en bois sculpté formant saillie représentent les vertus que doit posséder un prédicateur. En commençant par la gauche, près du pilier : **La Prudence**, le bras gauche entouré d'un serpent, un miroir à la main droite ; **La Justice**, avec son glaive ; **La Foi**, tenant un cœur et une croix ; **L'Espérance**, appuyée sur une ancre ; **La Tempérance**, versant de l'eau d'une amphore ; **La Force**, une massue à la main ; enfin, **La Charité**, qu'entourent deux jeunes enfants.

Des bas-reliefs en bois sculpté rappelant les prédications de saint Etienne alternent avec six médaillons figurant les quatre évangélistes : **saint Mathieu, saint Marc, saint Luc, et saint Jean**, et deux docteurs de l'Eglise, **saint Augustin et saint Gérôme·**

Derrière le prédicateur, sur le panneau adossé au pilier, un petit médaillon en bois sculpté contient la figure du Christ bénissant celui qui, en son nom, évangélise le monde.

L'abat-voix est surmonté d'un ange debout tenant d'une main une trompette et de l'autre le livre des Evangiles.

De petits anges ailés se jouent sur les bords, au milieu de vases d'où s'échappent des guirlandes de fleurs. Le **Monogramme de sainte Geneviève** y figure plusieurs fois.

Sous l'abat-voix, au centre de rayons lumineux, le **Saint-Esprit**, sous la forme d'une colombe, étend ses ailes.

(1) Qu'il ne faut pas confondre avec son homonyme, le célèbre statuaire (1535-1590).

LA CHAIRE EN BOIS DE CHENE
exécutée en 1640 par Germain Pilon
Sculptures de Claude l'Estocart
(D'après les dessins du peintre Laurent de La Hire)

Enfin, un **Samson** colossal, une mâchoire d'âne à la main, un genou appuyé sur le lion qu'il a terrassé, semble porter sur ses robustes épaules le poids de cette chaire.

LE BANC D'ŒUVRE

En face la chaire, se trouve le banc d'œuvre, en chêne, simplement sculpté. Sur le pilier auquel il est appuyé, on remarque une toile de forme convexe, représentant **La Communion de saint Pierre**, et portant la signature GUILLON, pinxit 1757.

LE JUBÉ

Le jubé (1), de style Renaissance, sépare la grande nef du chœur. Il date de 1541 (2). Il est remarquable par l'abondance et la finesse de ses sculptures que l'on attribue à JEAN GOUJON (3). Il fut achevé de 1600 à 1605 par PIERRE BIARD le père, et restauré en 1828 par LECORNÉ, sculpteur ornemaniste. Soutenu par une arcade surbaissée en anse de panier, il comporte à ses extrémités deux tourelles ajourées avec escaliers à vis, à double révolution, conduisant à la plateforme et ensuite à la galerie supérieure qui fait le tour du chœur.

On remarque, au centre de la balustrade, où est placé un grand crucifix entouré de chandeliers, le **Monogramme du Christ** et dans les tympans **Deux femmes portant des palmes et des couronnes.**

De chaque côté du jubé, sont aménagés deux portiques surmontés d'un fronton triangulaire, laissant communiquer les bas-côtés. Sur leur fronton interrompu en leur

(1) Le nom de « *Jubé* » vient du premier mot de la prière, qu'avant de commencer sa lecture, le récitant adressait à l'officiant pour implorer la bénédiction de Dieu : « *Jube, Domine, benedicere* ».

(2) Et non de 1605 comme l'indique, par erreur, une plaque placée sur l'un des portiques du Jubé qui l'attribue à *Pierre Biard*.

(3) *Jean Goujon* était l'auteur des sculptures du fameux jubé de Saint-Germain l'Auxerrois, construit par *Pierre Lescot* à la même époque que celui de Saint-Étienne-du-Mont, et qui fut démoli en 1744.

milieu, sont assis deux adolescents qui semblent écouter.
Au-dessous, un bas-relief au centre duquel se trouve le
Monogramme de sainte Geneviève et de **saint Etienne.**

Sur chacun des portiques, quelques citations latines.

En vertu de la théorie architecturale, qui prévalait au
XVIII° siècle, de créer de grands espaces dans les églises,

.Cliché G. Dumontier.

LE JUBE

afin de ménager des perspectives étendues, le jubé de
Saint-Etienne-du-Mont faillit être détruit et subir le sort
de beaucoup d'autres (1).

(1) C'est en vertu de cette théorie que disparurent les jubés des
églises de Paris, notamment ceux de *Notre-Dame*, de *Saint-Germain
l'Auxerrois*, de *Saint-Séverin*, etc... et, en province, ceux des cathédrales de *Rouen*, d'*Amiens*, de *Chartres*, de *Bourges*, de *Coutances*,
etc...

Il ne subsiste guère de jubés en France; cependant, on cite ceux
des cathédrales de *Limoges*, en bois sculpté, d'*Albi*, un des plus
beaux de la période gothique.

L'église de *Brou* (Ain) possède aussi un jubé de style ogival
flamboyant. Près de Faouet (Morbihan), au village de *Saint-Fiacre*,
dans une ancienne église du XV° siècle, se trouve encore un curieux
jubé en bois sculpté et peint. A *Aire-sur-la-Lys* (Pas-de-Calais), on
peut voir dans l'église Saint-Pierre un remarquable jubé en bois
sculpté, etc...

I V

LES CHAPELLES LATÉRALES

Vingt chapelles (1) ouvrent sur les bas-côtés ; nous en donnons une description sommaire en commençant par le côté droit en regardant le chœur :

1. — CHAPELLE DES FONTS-BAPTISMAUX

Vitrail :

Le Christ en croix.
Au-dessus, dans un médaillon :
Le Christ sur les genoux de sa mère (XVIe siècle).

Peintures :

Saint Jean prêchant dans le désert, par Th. Aligny (XIXe siècle).
Le Baptême du Christ, par le même (XIXe siècle).

Sculptures :

La Vierge du Rosaire, par A. Eude (médaillon en marbre, XIXe siècle).
Saint Jean-Baptiste enfant, par J. Ramus (statue en marbre, XIXe siècle).
Crucifix en marbre.
Deux médaillons (XVIIIe siècle) : **Jésus enfant dans une crèche** (plâtre), et **La Sainte Famille** (marbre).

Divers :

Fonts baptismaux (marbre).

(1) Anciennement, ces chapelles étaient désignées sous les vocables suivants :
Saint-Joseph, Saints-Innocents, Saint-Michel, Saint-Laurent, Saint-Léger, Notre-Dame de la Pitié, Saint-Jacques et Saint-Jean, *l'ancienne Sacristie*, Saint-Louis, Saint-Claude, Saint-Nicolas, *Chapelle de la Vierge*, Saint-Pierre, Saint-Roch, des dix mille martyrs, Saint-Jean-Baptiste, Sainte-Marie-Madeleine, La Résurrection, Sainte-Ursule, Sainte-Anne et Saint-Paul.

II. — CHAPELLE DE LA SAINTE-FAMILLE

Vitrail :

Sainte Elisabeth de Hongrie faisant l'aumône (1)
(XVIIe siècle).

Peintures :

La Vierge allaitant l'Enfant Jésus.
**Jésus enfant prêchant devant la Vierge, sainte Anne
et saint Joachim** (XVIIe siècle).

III. — CHAPELLE COMMÉMORATIVE

Peintures :

Martyre de saint Jean l'Evangéliste (XVIIe siècle).
La Mort de la Vierge (XVIIe siècle).

Divers :

Sur six plaques, imitation marbre noir, sont inscrits
les noms des personnages célèbres inhumés dans les églises, abbayes et couvents réunis à la paroisse.

IV. — CHAPELLE DU CRUCIFIX

Vitrail :

La parabole des conviés, attribuée à R. Pinaigrier (2)
(XVIe siècle).

On lit au bas de cette verrière : *multi vocati, pauci electi.* En
effet, peu se présentent pour recevoir le corps et le sang de Jésus-
Christ : l'un se marie, l'autre essaye une paire de bœufs, un troisième visite sa maison de campagne.
Cette verrière, don de la Présidente *de Viole,* porte la date de
1568. Elle a été restaurée en 1846.

Peinture :

Le Christ en croix (Ecole de Le Brun).

(1) Sainte Elisabeth de Hongrie fut canonisée en 1233 par le pape
Grégoire IX.

(2) Robert Pinaigrier, célèbre peintre-verrier, né et mort à Tours
au XVIe siècle, eut quatre fils également peintres-verriers et un
petit-fils *Nicolas* à qui est attribué le remarquable vitrail représentant le pressoir mystique (Cloître des Charniers).

Cliché Morancé

SAINTE GENEVIEVE, PATRONNE DE PARIS

Procession de la Châsse

(Estampe populaire du XVIIIe siècle)

SCULPTURES :

Saint Antoine de Padoue (moderne).

DIVERS :

Confessionnal.

V. — CHAPELLE DU SAINT-SÉPULCRE

VITRAIL :

Partie supérieure (XVIe siècle) : **Jésus-Christ entouré de saints.**

Partie inférieure (moderne, datée de 1862) : **La Sainte Face.**

PEINTURES :

Le Christ en croix (XVIIe siècle). Au bas de la croix, Louis XIII en manteau fleurdelysé.

L'Adoration des Bergers (Signature : JESON DE SANTERRE, (pinxit 1740).

SCULPTURE :

La mise au tombeau (XVIIe siècle).

Ce groupe en terre cuite peinte se compose de huit grandes figures. Il appartient à l'église de Saint-Etienne-du-Mont depuis 1808 et provient de l'église Saint-Benoît-le-Retourné, aujourd'hui démolie.

VI. — CHAPELLE DE SAINT-BERNARD

PEINTURES :

Saint Bernard priant, par LATIL (XVIIIe siècle).

Le Jugement dernier (1605).

Ce tableau décorait autrefois l'ancienne abbaye de Sainte-Geneviève.

DIVERS :

Dans cette chapelle, se trouve une châsse exécutée en 1895, par L. FAVIER. Elle sert, lors des processions, à porter les reliques de sainte Geneviève.

VII. — CHAPELLE DE SAINT-CHARLES BORROMÉE

VITRAIL :

Sainte Anne et saint Joachim font lire la Vierge (XVIIe siècle, restauré).

(Sur les côtés, deux médaillons contenant des armoiries).

Peintures :

La manne dans le désert, par Philippe de Champaigne
(XVIIe siècle).

Saint Charles Borromée distribuant des aumônes, par
Quintin Varin (1) (1627).

(Ce tableau provient de l'église de Saint-Jacques-la-Bûcherie).

Sculpture :

Jeanne d'Arc (statue moderne en pierre), par André Bes-
queut (1912).

Divers :

Confessionnal en bois sculpté.

VIII. — CHAPELLE DU SACRÉ-CŒUR DE JÉSUS

Vitrail :

La Cène (XIXe siècle).

Peintures :

Les neuf chœurs des Esprits célestes, par L. Licherie
(XVIIe siècle).

Ce tableau a été peint sur les indications de *Louis Abelly*, évêque
de Rodez. Il ornait, avant la Révolution, l'église Saint-Lazare, à
Paris.

C'est à gauche et à droite de cette chapelle que sont placées les épitaphes de *Pascal* et de *Racine*.

Ensuite se trouve l'ancienne sacristie (2) où l'on peut
voir deux plaques en marbre, avec inscriptions relatives au
transfert des restes de sainte Geneviève en l'église de
Saint-Etienne-du-Mont.

IX. — TOMBEAU ET CHAPELLE DE SAINTE-GENEVIÈVE

En 1803, lorsque la démolition de la vieille abbaye fut
décidée, on se préoccupa du sort des tombeaux renfermés
dans la crypte et, notamment, de celui de sainte Geneviève.

(1) Quintin Varin, né en 1610, fut le maître de Nicolas Poussin.
(2) Lorsque, en 1685, l'ancienne sacristie trop petite alors fut
agrandie, on prit l'emplacement réservé aujourd'hui au tombeau

LE TOMBEAU DE SAINTE GENEVIEVE

Un fragment de la pierre tombale qui, en 5i2, avait servi à l'inhumation de la sainte fut retrouvé et transféré, le 3i décembre 18o3, en l'église de Saint-Etienne-du-Mont.

Cette pierre est abritée aujourd'hui par une enveloppe en cuivre doré exécutée en 1853 dans le genre gothique flamboyant. Une chapelle de même style surmonte le tout, décorée dans le haut par les statuettes de dix vierges, cinq sages et cinq folles, et sur les côtés par celles de saint Pierre, de saint Etienne, de saint Siméon Stylite et de saint Paul. (*Décoration exécutée sur les dessins du R. P. MARTIN.*)

Le tombeau de sainte Geneviève, placé dans la première travée, est l'objet d'une vénération toute particulière de la part des nombreux fidèles qui viennent invoquer la Patronne de Paris, notamment au cours de la neuvaine qui a lieu chaque année, du 3 au 11 janvier.

En face le tombeau, une plaque en marbre rappelle la victoire de la Marne et les prières adressées à la sainte pour obtenir son intervention en faveur de nos armes.

A côté, une inscription encadrée en mémoire de Mgr Sibour, dont le cœur est déposé dans l'épaisseur du mur.

Un vitrail moderne orne la fenêtre. Ce vitrail représente l'Eglise de Saint-Etienne-du-Mont adossée à l'ancienne basilique de Sainte-Geneviève, aujourd'hui disparue. Au premier plan, une procession de la châsse.

La chapelle de Sainte-Geneviève occupe la seconde travée derrière le tombeau. Au-dessus de l'autel : une statue de la sainte en pierre (de VALOIS, 1823) et une châsse dorée.

Deux vitraux mesurant 3 m. 20 de hauteur sur 2 m. 80, dus au peintre-verrier RIQUIER et offerts à l'église en 1877, par les Dames de l'Institut de Sainte-Geneviève, ornent le fond de la travée où est située la chapelle.

---

et à la chapelle de sainte Geneviève. La sacristie actuelle date de 1861 et donne sur le cloître des Charniers. (Description page 56.)

Ces vitraux représentent :

Sainte Geneviève et les Evêques de Troyes et d'Auxerre. —
La Sainte rend la vue à sa mère. — Vœu de virginité. —
Rêve d'enfer.
Sainte Geneviève rassure les Parisiens à l'approche d'Attila
et leur distribue du pain. — Mort de la Sainte.

Avant d'arriver à la chapelle de la Vierge, l'on peut
voir deux toiles marouflées (don de la ville de Paris) :

Condamnation de saint Etienne, par Janmot (1866).

Martyre de saint Etienne, par le même ;

plus deux statues en plâtre, données également par la
ville :

La Charité, par Ch.-R. Laitié (1824).
L'Espérance, par S.-J. Brun.

Entre les deux portes, dont l'une communique avec le
cloître des Charniers (*côté de la nouvelle sacristie*), et
l'autre avec la rue Clovis :

Saint Etienne, statue en pierre, par Fromanger (1867).

X. — CHAPELLE DE LA VIERGE

Située au chevet de l'église, derrière le chœur, cette
chapelle fut agrandie en 1660 sur une partie de l'emplacement réservé au Petit Cimetière.

A l'entrée, de chaque côté, près des piliers, deux plaques de marbre indiquent l'endroit où ont été inhumés
Pascal et Racine, ainsi que deux colonnes portant un
ange en plâtre (*moulage de statuettes en bronze doré,* par
Ramus, *placées actuellement dans l'église de Saint-Eustache*). Ces deux colonnes, en marbre noir, revêtues d'une
couche de peinture grise, portent sur leur fût : l'une
l'écusson de France et l'autre les armoiries d'un des abbés
de Sainte-Geneviève.

Le plafond est décoré de divers ornements et de monogrammes de la Vierge.

Six vitraux, provenant de diverses églises, ont été encastrés et restaurés en 1868, par Félon.

Cliché G. Dumonthier.

LE CHŒUR
(Derrière, on aperçoit la Chapelle de la Vierge)

Sur les côtés, quatre peintures murales de Caminade (1838) :

La Visitation de la Vierge.   **L'Annonciation.**
L'Adoration des Mages.   **La Mort de la Vierge.**

Au-dessus de l'autel, un groupe en marbre :
La Vierge et l'Enfant-Jésus, par Foyatier (1863).

XI. — CHAPELLE DE SAINT-HILAIRE

Vitraux :

Mariage de la Vierge. Médaillon : **La Sainte Famille.**
Mort de saint Joachim.

Peintures (dons de la Ville de Paris) :

**Saint Hilaire conférant à saint Martin l'ordre mineur
d'exorcise,** par A. Le Hénaff (1866).
Saint Hilaire au Concile de Séleucie, par le même.

Sculpture :

Saint Hilaire, statue en pierre, par F. Bogino (1866).

XII. — CHAPELLE DE SAINT-BENOIT

Peintures :

Mort de saint Benoît, par Rigo (1864).
Deux Anges assis, par Guérie (1874).
Saint Benoît bénit Totila, roi des Goths, par Rigo (1866).
La Vierge près de saint Jean et de saint Girard Sagrédo
(Ecole Vénitienne XVIe siècle).

Ce tableau, acquis en 1861 au prix de 1.500 francs, est placé au-dessus de l'autel.

Sculpture :

Saint Benoît, statue en pierre, par Denecheau (1866).

Divers :

Confessionnal en bois de chêne sculpté.

XIII. — CHAPELLE DE SAINT-VINCENT DE PAUL

Peintures :

Catherine de Sienne (copie d'un tableau italien du
XVIIe siècle).

Saint Vincent de Paul, par Bourdon (XVIIe siècle).

Ce tableau porte la date de 1649, mais la signature ne paraît pas authentique, étant inscrite sur une partie ajoutée de la toile.

Divers :

Une plaque en marbre indique que Frédéric Ozanam et ses amis fondèrent la Société de Saint-Vincent de Paul, en mai 1833, sur la paroisse de Saint-Etienne-du-Mont.

Confessionnal en bois de chêne sculpté.

XIV. — CHAPELLE DE SAINT-JOSEPH

Vitrail :

Résurrection de Lazare, par Em. et Ch. Dr Tournel (moderne).

Peintures :

Une cage d'escalier fait saillie dans la paroi de droite.

Cette paroi, ainsi que celle de gauche, sont couvertes de peintures murales (fin XVIe siècle), restaurées en 1861 par Ch. Maillot.

Elles représentent :

La Légende des dix mille Chevaliers du Christ, dits Martyrs du mont Ararat.

Sculptures :

Au-dessus de l'autel : **Saint Joseph et l'Enfant Jésus** (plâtre).

Divers :

Six plaques en bois portent les noms des jeunes gens de la paroisse morts pour la France (1914-1918).

Une plaque commémore le centenaire de l'Ecole Polytechnique (17 mai 1894).

XV. — CHAPELLE DE SAINT-FRANÇOIS D'ASSISE

Peinture :

Saint François d'Assise, par Maupin (XIXe siècle).

Divers :

Sœur Thérèse (plâtre moderne).

Confessionnal.

XVI. — CHAPELLE DE SAINT-NICOLAS

Vitrail :

Saint Nicolas (ancien).

Peintures :

Saint Paul, par A. Dieu (XVIIIe siècle).

Au-dessus de l'autel : **Jésus en croix** (Ecole française, XVIIe siècle).

Divers :

Confessionnal.

Sur le pilier qui sépare la chapelle de saint Nicolas de celle de saint Louis, une plaque en marbre blanc à la mémoire de l'abbé Henri Lesêtre, curé de la paroisse de Saint-Etienne-du-Mont, pendant dix-neuf ans et mort en 1914.

XVII. — CHAPELLE DE SAINT-LOUIS

Vitrail :

Le vitrail composé de plusieurs fragments anciens représente des **Saints** et des **Martyrs.**

Sculpture :

Au-dessus de l'autel : **Saint Louis tenant la couronne d'épines** (plâtré).

Divers :

Pascal, buste en bronze sur un socle.

Confessionnal.

XVIII. — CHAPELLE DE L'ANGE GARDIEN

Peintures :

L'incrédulité de saint Thomas, par A. Masson (1852).

L'Ange Gardien (Ecole flamande, XVIIe siècle).

Divers :

Racine, buste en bronze sur un socle.
Confessionnal en bois sculpté (XVIIIᵉ siècle).

XIX. — CHAPELLE DE SAINT-JEAN L'ÉVANGÉLISTE

Peintures :

L'Adoration des Mages (Ecole française, XVIIᵉ siècle).
Saint Jean à Pathmos, par Dolluet (1693).

Divers :

Confessionnal.

XX. — CHAPELLE DE L'IMMACULÉE CONCEPTION

Au-dessus de l'autel : **L'Immaculée Conception** (statue moderne, plâtre colorié).

En plus des tableaux que nous venons de signaler et qui décorent les chapelles, l'église de Saint-Etienne-du-Mont possède encore quelques toiles.

Au-dessus des deux portes donnant accès de l'extérieur aux bas-côtés, se trouvent, encastrées dans le mur, deux toiles cintrées mesurant 2 m. 40 de hauteur sur 1 m. 30 de largeur :

A droite, en regardant le chœur :

Sainte Geneviève gardant ses moutons, par L. Fleury (1851).

A gauche :

Saint Benoît à Subiaco, par H. Lanoue (1851).

A côté :

Le Christ déposé de la Croix, par Legrand de Saint-Aubin (1877).

Au-dessus de l'ancienne sacristie :

Ex-voto, tableau par de Troy (1726).

Dans le bas, au premier plan, le Prévôt des marchands, à genoux sur un riche coussin bleu, est entouré des échevins de la Ville de

Cliché J. E. Bulloz

EX-VOTO A SAINTE GENEVIÈVE

Peinture de De Troy (1726)

(5ᵐ × 3ᵐ 5o)

Paris. En face (*dans le coin à gauche*), un manteau bleu fleurdelysé sur les épaules, la France, les bras étendus, ayant à ses pieds le globe terrestre également fleurdelysé, avec l'inscription : *France — Detroy 1726*, implore la Patronne de Paris, pour faire cesser les maux qui accablent les Parisiens.

En haut, sainte Geneviève, à genoux sur un nuage, les mains jointes, intercède pour la France. Elle est entourée d'un chœur céleste. Devant elle, un ange lui présente un cierge allumé ; derrière la sainte, les colonnes d'un temple.

Au-dessus de la chapelle du Sacré-Cœur :

Ex-voto, tableau, par Largillière (1696).

Devant, au premier plan, agenouillé sur un coussin bleu bordé d'or, Le Prévost des marchands ayant à ses côtés les échevins et les notables de la ville, montre au-dessus de lui, sainte Geneviève en prière sur un nuage. Elle demande à Dieu de détourner des Parisiens les maladies dont ils souffrent.

Autour de la sainte, des anges et des séraphins.

Ces deux remarquables tableaux, destinés à l'ancienne abbaye de Sainte-Geneviève, ont été commandés en 1696 et 1726 par le Prévôt des marchands et les Echevins de la ville pour faire cesser les calamités dont Paris était affligé.

Disparus au cours de la Révolution, ils furent retrouvés servant d'auvents à des marchands du quartier. Restaurés, en 1811, par les soins du *cardinal Fesch*, ils furent attribués à l'église de Saint-Etienne-du-Mont.

LES TAPISSERIES

Autrefois, la salle dite « d'Assemblée des Marguilliers », qui empruntait une partie des chapelles latérales (côté gauche), était décorée par une série de tapisseries anciennes représentant la vie et le martyre de saint Etienne. Ces tapisseries, dont les cartons étaient dûs à LAURENT DE LA HYRE (attribués par erreur à Eustache Lesueur), ont disparu depuis longtemps et l'on ignore ce qu'elles sont devenues (1).

(1) Plusieurs auteurs anciens, dont Piganiol de la Force, en font mention dans leurs ouvrages sur Saint-Etienne-du-Mont.

V

LES VITRAUX DE L'ÉGLISE

La nef centrale, le chœur, les bas-côtés, l'abside et les transepts sont percés de nombreuses fenêtres ogivales ornées d'intéressants vitraux, la plupart du XVIIᵉ siècle, que la hauteur empêche malheureusement de bien voir. Nous en donnons l'énumération :

NEF CENTRALE (Côté gauche)

Trois grands vitraux de 4 mètres de hauteur sur environ 2 mètres de largeur (début du XVIIᵉ siècle).

Iᵉʳ VITRAIL : *Jésus en Croix et la Descente de Croix.*
   Au-dessus : *Le lavement des pieds.*
2ᵉ VITRAIL : *La Résurrection du Christ.*
   Au-dessus : trois médaillons *La Cène ; La Compassion de la Vierge ; L'Adoration des Bergers.*
3ᵉ VITRAIL : *Le Couronnement de la Vierge.*
   Médaillons : *écus armoriés.*

NEF CENTRALE (Côté droit)

Quatre grands vitraux de 4 mètres sur 2 m. 5o (début du XVIIᵉ siècle).

Iᵉʳ VITRAIL : *L'Ascension.*
   Au-dessus : médaillons (*écus armoriés*).
2ᵉ VITRAIL : *Incrédulité de saint Thomas.*
   Au-dessus : médaillons (*écus armoriés*).
3ᵉ VITRAIL : *Les disciples d'Emmaüs.*
   Au-dessus : médaillons (*ange et écu armorié*).
4ᵉ VITRAIL : *Les Saintes Femmes au Tombeau.*
   Au-dessus : médaillons (*écus armoriés*).

LE CHŒUR

Cinq beaux vitraux de 3 m. 5o sur 1 m. 75 ornent les fenêtres situées dans la partie haute du chœur. L'un, *Les Pèlerins d'Emmaüs*, date du XVIe siècle ; les quatre autres, dont plusieurs sont attribués à CLAUDE HENRIET, sont du XVIIe siècle et représentent *les différentes apparitions du Christ après sa résurrection : aux apôtres saint Pierre et saint Jean, à saint Pierre, à la Vierge et à sainte Madeleine.*

BAS-COTÉ GAUCHE

Une seule fenêtre est ornée d'un vitrail (XVIIe siècle) à trois compartiments. Il représente : en haut, *Dieu le Père*, et en bas, des *Scènes de l'Apocalypse*. Il a été offert à l'église en 1614, par un paroissien, M. Le Juge, marchand de vin, que l'on aperçoit au-dessous agenouillé à côté de sa femme. Ce vitrail a été restauré en 1861.

BAS-COTÉ DROIT

Cette partie de l'église est éclairée par des fenêtres avec de simples vitrages.

TRANSEPT GAUCHE

Trois vitraux de 4 m. 25 sur 3 m. 25, dont un moderne (le deuxième), ornent cette partie de l'église.

1er VITRAIL (en retour) : *Le Christ en Croix* (XVIIe siècle).

2e VITRAIL : *L'Arbre de Jesse* (1858).
> Au-dessous : *les armes de l'Empire et de la Ville de Paris.*

3e VITRAIL : *La Vierge entourée de banderolles où sont inscrites les Litanies* (XVIIe siècle).
> (restauré en 1850 par *Gsell* et *Laurent*).

Plus en retour, un vitrail en forme de rose (XVIIe siècle et partie moderne).

Au centre : *le Monogramme du Christ.*

TRANSEPT DROIT

Deux vitraux du XVIIe siècle :

Ier VITRAIL : *Quatre donateurs agenouillés ayant derrière eux leurs patrons : saint Nicolas, saint Jean, saint Olivier, sainte Agnès.*

Dans la partie supérieure, les lettres N.B. et G.D.

2e VITRAIL : *La Résurrection.*

Dans la partie inférieure, donateurs agenouillés.

Plus en retour, un vitrail en forme de rose (XVIIe siècle et partie moderne).

Au centre : *le Monogramme de la Vierge.*

ABSIDE COTÉ GAUCHE

Cinq grands vitraux de 3 mètres de haut sur 3 et 5 mètres de largeur.

Ier VITRAIL : *La Pentecôte*, par GLAUDE HENRIET (XVIIe siècle).

2e VITRAIL : *Episodes de la vie de saint Claude*, par E. LEPRINCE (XVIe siècle).

Naissance. — Baptême. — Sacre. — Miracles. — Mort et triomphe de Saint-Claude.

(Vitrail offert par l'ancienne Confrérie de Saint-Claude).

3e VITRAIL : *Episodes de la vie de la Vierge* (XVIIe siècle).

Saint Joachim. — Mariage de sainte Anne. — Naissance de la Vierge. — Présentation au Temple. — Nativité de N.-S. — Adoration des Mages. — Mort de la sainte Vierge. — Assomption et Couronnement.

(Vitrail offert par la Confrérie de Saint-Claude)

4e VITRAIL : *Sujets divers*, par FÉLON (1866). Vitrail réajusté.

Adam et Eve devant Dieu. — Le portement de la Croix. — La Crèche. — La Fuite en Egypte. — Le Massacre des Innocents.
En haut : la Trinité.

5e VITRAIL : *Scènes du Nouveau Testament* (XVIIe siècle), vitrail réajusté.

Le Baptême de Jésus-Christ. — La Transfiguration. — Le martyre de saint Etienne.

(Vitrail offert par un des abbés de Sainte-Geneviève que l'on aperçoit, à gauche, agenouillé, en habits de chanoine).

CHAPELLE DE LA VIERGE

Vitrail moderne : *Episodes de la vie de la Vierge.*
L'Annonciation. — La Nativité. — La Vierge au pied de la Croix.
— Son Couronnement.

ABSIDE COTÉ DROIT

Trois vitraux de 8 mètres sur 4 et 5 mètres. Le premier est du XVI⁰ siècle, les deux derniers sont modernes.

1ᵉʳ vitrail : *Episodes de la vie de saint Etienne.*
Election de saint Etienne. — Ordination. — Prédication. — Juge ment. — Sortie de Jérusalem. — Martyre. — Des animaux féroces protègent son corps. — Convoi. — Enfin, dans le haut, son entrée au Ciel.

(Attribué à *E. Leprince.* — XVI⁰ siècle).

2⁰ vitrail : *Episodes de la vie de sainte Geneviève.*
Geneviève, enfant, bénie par les évêques de Troyes et d'Auxerre — Elle prend le voile. — Saint Germain lui donne une médaille. — Pénitence de sainte Geneviève. — Elle guérit sa mère. — Elle sauve Paris d'Attila. — Elle se renferme dans l'ancienne église du Baptistère. — Couronnement. — Glorification.

(Verrière due à *Riquier* et *Steinhell,* 1868).

3⁰ vitrail : *Episodes de la vie de sainte Geneviève.*
La Sainte distribue du pain aux Parisiéns. — Elle délivre les prisonniers de Clovis. — Elle fait élever des églises. — Tombeau de sainte Geneviève. — Le Christ la reçoit au ciel.

LAPIDATION DE SAINT-ETIENNE, PREMIER MARTYR
(Musée du Prado, à Madrid)

VI

LE CLOÎTRE DES CHARNIERS

Le Cloître des Charniers, construit vers 1605, en même temps que la Chapelle de la Communion, est situé en dehors de l'église proprement dite, derrière l'abside ; c'est là, qu'aux XVIIe et XVIIIe siècles, les jours d'affluence ou de grandes fêtes, les fidèles venaient recevoir la Communion. Ce Cloître entourait, sur trois côtés, l'ancien petit cimetière, d'où lui vient son nom de « *Cloître des Charniers* ».

L'actuel couloir, qui conduit à la sacristie, la galerie qui sert de fond à la Chapelle des Catéchismes et la Salle des Mariages formaient cet ancien Cloître. Il est parfaitement conservé et l'on en voit encore les pilastres doriques, les voûtes · cintrées ainsi que les arcatures des fenêtres donnant sur le petit cimetière. Dans les baies de ces arcatures *(Chapelle des Catéchismes)*, on a placé, il y a plusieurs années déjà, ce que l'on a pu réunir des vingt-deux beaux vitraux qui ornaient le Cloître. *(Description page 46)* (1).

On pénétrait dans ce Cloître, non seulement de l'intérieur même de l'église, mais aussi en empruntant une longue galerie voûtée dont l'entrée se trouve encore actuellement sous le petit portail au bas de la tour de l'horloge et aboutit, sans passer par l'église, à la Salle des Mariages qui faisait alors partie du Cloître.

Cette ancienne galerie est située derrière les chapelles latérales *(côté gauche)* et longe la rue d'Etienne-du-Mont sur laquelle elle prend jour.

---

(1) Voir l'intéressant article de M. Charles Terrasse, dans la *Revue du XVIe siècle*, page 111, sur les vitraux du Cloître des Charniers.

ANCIENS VITRAUX

Ces remarquables vitraux, plus exactement ces peintures en émail sur verre, datent du début du XVIIᵉ siècle. Autrefois, on en comptait vingt-deux, aujourd'hui leur nombre se trouve réduit à douze. Ils ornent les fenêtres basses de la partie du Cloître des Charniers qui sert de fond à la Chapelle des Catéchismes. Il existe aussi plusieurs fragments qui se trouvent à côté, Salle des Mariages.

On attribue ces peintures sur verre à des artistes verriers tels que : Pinaigrier, Jean Cousin, F. Periez, E. Leprince, etc... Les connaisseurs affirment que ces anciens vitraux, d'un coloris bien particulier, peuvent rivaliser avec ceux de la Sainte-Chapelle qui passent, cependant, pour être les plus beaux des églises de Paris.

D'une manière générale, les sujets représentent la corrélation qui existe entre les scènes de l'Ancien et du Nouveau Testament. De généreux paroissiens, dont M. Terrasse a retrouvé les noms, les firent exécuter spécialement pour le Cloître des Charniers.

Restaurés en 1734, par un artiste de talent, Pierre Le Vieil, ces magnifiques vitraux furent mutilés au cours de la Révolution. Dispersés, ils servirent alors à orner certaines chapelles latérales, notamment celles de Sainte-Geneviève et du Sacré-Cœur.

En 1834, lors du remaniement de ces chapelles, les fragments furent réunis et réajustés par un homme de goût qui les replaça habilement dans leur cadre primitif.

Pendant la dernière guerre (1914-1918), ils furent retirés, comme certains vitraux des églises de Paris, notamment : Saint-Gervais, Saint-Merry, Saint-Eustache, Saint-Séverin, Saint-Germain-d'Auxerrois, etc..., et mis en lieu sûr, dans les sous-sols du Grand Palais.

En voici la sommaire description :

1° Le Miracle des Billettes

Dans la partie supérieure de la composition, on aperçoit le Christ tenant d'une main un ciboire et de l'autre une hostie (*hoc est corpus meum*). De chaque côté, les quatre Evangélistes avec leurs attributs.

Dans la partie inférieure, se trouve représenté : *Le Miracle des Billettes :*

Un marchand juif, nommé Jonathan, avait promis une robe à une femme si, allant recevoir la Communion, elle lui apportait l'hostie. (*Cette scène se voit dans le bas, à gauche.*)

Une fois en possession de l'hostie convoitée, le juif, en présence de sa famille, un soufflet à la main pour attiser le feu, la précipita dans une marmite remplie d'eau bouillante (*partie centrale*). Aussitôt, au-dessus de la marmite, s'éleva une immense croix avec le Christ crucifié et l'image de l'hostie. Irrité, le juif se saisit de l'hostie et essaya de la clouer au mur. Mais, oh miracle ! quelques gouttelettes de sang s'en échappèrent.

Enfin, une chrétienne, ayant aperçu le manège, entra dans la boutique du marchand et l'hostie, qui voltigeait, vint se poser dans la sébille que cette dame tenait à la main. L'ayant ainsi recueillie, elle s'empressa de la porter à l'église des Billettes (aujourd'hui temple protestant) où elle fut reçue par le curé de la paroisse, entouré du clergé. (*Partie inférieure droite du vitrail.*)

2° Le Vaisseau de l'Eglise

Dans le haut, à gauche, Noë reproche aux hommes leurs mœurs dissolues et les menace de la vengeance divine. Ce sera le déluge. *A côté,* se détache l'Arche de Noë qui symbolise l'ancienne Eglise. Cette arche est remplie d'animaux de toutes espèces : lion, bœuf, âne, girafe, licorne, etc... *A droite, dans le coin, en haut,* on voit une petite colombe portant en son bec le rameau d'olivier.

Dans le bas, c'est la nouvelle Eglise, figurée par une barque où le Saint-Esprit, sous la forme d'une colombe, se trouve au haut du mât. A la poupe, le Christ en personne tient le gouvernail. Dans cette barque, on aperçoit les différents représentants de la Société chrétienne : un roi (*Saint Louis portant la couronnes d'épines*), un pape, un évêque, des docteurs de l'Eglise, deux religieux fondateurs d'ordres (*saint François-d'Assise et saint Dominique*), des barons, des bourgeois, des dames nobles, etc...

Cette barque, qui flotte sur les eaux, repose sur une immense croix. Malgré les efforts de trois mauvais génies qui soufflent la tempête (vents d'hérésie, d'idolâtrie, etc...), elle continue paisible à naviguer sur une mer dont les eaux sont en fureur.

Monogrammes de saint Etienne et une inscription à demi effacée.

3° La Multiplication des Pains.

Le sujet représente (*partie supérieure du vitrail*) une des figures les plus connues du Nouveau Testament : *la Multiplication des Pains dans le désert.*

Au centre, le Christ est entouré, d'un côté par un jeune enfant qui porte deux poissons dans un panier, et de l'autre par un de ses disciples qui lui présente, pour être bénits, cinq pains.

Bientôt, par suite du miracle, cinq mille personnes affamées peuvent se rassasier et laissent, même, douze corbeilles remplies de pains (*partie supérieure droite de la composition*).

Dans le bas, ce sont les disciples d'Emmaüs : Un soir, après le crucifiement du Christ, près du mont Golgotha où sont encore les trois croix, deux pèlerins s'en allaient au village d'Emmaüs. Bientôt, ils furent rejoints par un troisième voyageur qui leur demande la cause de leur tristesse : « Le crucifiement de Notre Maître », répondirent-ils. Le nouveau venu se mit à leur expliquer les Saintes Ecritures. Intéressés par cette conversation et arrivés à l'hôtellerie, ils lui demandent de partager leur repas ; mais bientôt, à la manière dont l'étranger rompait le pain, ils reconnurent en lui leur Maître ressuscité et se mirent à l'adorer.

(Dans le bas, monogrammes de saint Etienne et une inscription se rapportant au sujet).

4° Le Serpent d'Airain
(Vitrail en partie effacé)

De nombreux Hébreux sont entourés de serpents qui leur font de cruelles morsures. Pour faire cesser cette calamité, Moïse, vêtu d'une robe violette (*dans le coin, à gauche*), deux rayons au front, sa baguette à la main, implore Dieu qui lui dit de choisir un arbre en forme de croix et d'y suspendre un immense serpent d'airain. Ceux qui le regarderont seront guéris.

(Symbole du Christ qui, sur la croix, devait guérir le genre humain de blessures beaucoup plus graves, celles faites par le péché).

(Composition attribuée à *Jean Cousin*).

5° L'Agneau Pascal

Cette composition représente quatre sujets :

La Pâque juive (*en haut, à gauche*)

De nombreux Hébreux, en tenue de voyage, de hauts bâtons à la main symbolisant les crosses des prélats, entourent une table où est servi l'agneau pascal.

Sur le même plan (*à droite*), des Anges exterminateurs frappent pendant leur sommeil les premiers nés des Egyptiens, dont les maisons ne sont pas marquées du sang de l'agneau.

La Pâque chrétienne (fête rappelant la Résurrection du Christ).

A gauche, un prêtre donne la Communion à une famille chrétienne représentée par le père, la mère et le fils.

A droite, des démons s'efforcent d'étouffer chez les hommes les bons sentiments (les premiers nés) et les incitent à commettre les péchés : l'avarice, l'idôlatrie, la luxure, le parricide, etc...

(Monogrammes de saint Etienne. — Ecusson sans inscription).

6° La Purification

Dans le haut, le grand prêtre de l'ancienne Loi, ainsi que trois lévites, se lavent les mains avant d'offrir un sacrifice, dans un bassin d'airain appelé *lamer*. Ce bassin est soutenu par des veaux d'or ; près de là, le chandelier à sept branches et l'arche d'alliance. *A droite*, le temple de Salomon.

Dans le bas, en vue du prochain sacrifice, le Christ, humblement prosterné, ceint d'un linge blanc, lave les pieds des onze apôtres qui lui sont restés fidèles. *A droite*, le plan d'une basilique chrétienne.

*(Dans le bas, monogrammes de saint Etienne ;
écusson sans inscription).*

7° Le sacrifice d'Elie

Le prophète Elie, au milieu de nombreux Hébreux, hommes et femmes (*dans le haut, à gauche*), invoque Dieu et lui offre en holocauste un bœuf. Aussitôt, le feu du ciel descend sur l'autel du sacrifice et enflamme la victime. *Dans le bas* · Elie, vêtu d'une tunique rouge, un genou à terre, rend hommage au Très Haut ; à son côté, un Hébreu, vêtu d'une tunique bleue, se prosterne.

En haut, à droite, des païens adorent de faux dieux (soleil, lune, etc.). Un peu plus bas, on aperçoit les disciples de Baal réunis. Ils ont préparé un sacrifice et implorent la puissance de leur dieu *(Baal exaudi nos)*, mais c'est en vain, car le feu du ciel n'embrase pas leur victime déjà placée sur l'autel.

*(Dans le bas, monogrammes de saint Etienne ;
écusson sans inscription).*

8° L'Adoration du Saint-Sacrement

Cette composition représente le Saint-Sacrement entouré des différents symboles figurant l'Eucharistie dans l'Ancien et le Nouveau Testament.

LA COMMUNION

SACRIFICE D'ELIE

Au centre de la composition, se trouve le sujet principal :

Au milieu d'un chœur d'anges adorateurs, un grand ostensoir doré, en forme d'église, contient l'hostie. *En haut, à droite et à gauche,* deux anges présentent l'Eucharistie, l'un sous les espèces du pain (*panis angelorum*) et l'autre sous celles du vin (*nectar angelorum*). Plus bas, deux autres plus grands manient l'encensoir. Enfin, au pied de l'ostensoir, trois anges à genoux, sur un nuage, sont en prière.

Dans le haut, sur un ciel bleu, la manne céleste tombe sur la terre (*patrum manna*).

Autour du sujet principal, divers symboles avec inscriptions latines :

A gauche, sur une table, le pain azyme (*panis azimus*), l'agneau pascal (*agnus pascalis*), le calice (*sanguis Christi*) et le pain (*panis Christi*). Puis, l'on aperçoit une grappe de raisin, le vaisseau conduisant les élus vers la terre promise et une source d'eau vive.

Dans le bas, le bâton et la besace du pèlerin.

A droite, des animaux destinés au sacrifice : chèvre, bœuf, bélier, etc..., l'autel des sacrifices d'où s'échappent des colombes, l'arche d'alliance, les pains que recueillent les Hébreux (allégorie à la Multiplication des Pains).

(Monogrammes de saint Etienne. — Dans l'écusson, il est indiqué que les vitraux de cette église, ainsi que ceux des églises de Saint-Gervais, de Saint-Séverin, de Saint-Germain l'Auxerrois, de Saint-Merry et de Saint-Eustache ont été mis à l'abri pendant les bombardements de 1918 et remis en place en 1920, après leur restauration, par les soins de la Ville de Paris).

9° La Parabole des Conviés

En haut, devant les tentes installées, dans le désert, par les Hébreux, près de l'arche d'alliance, Moïse, en tunique rouge, se tient sur le devant, à côté d'Aaron en violet. Pour conjurer la disette dont souffrent les Hébreux, Moïse élève sa baguette. Aussitôt Dieu fait tomber sur la terre une quantité d'oiseaux ainsi que la manne céleste, que des hommes, des femmes, des enfants s'empressent de recueillir dans des urnes. (Symbole de l'Eucharistie dans l'Ancien Testament.)

Plus bas, à gauche : Le Christ, debout à l'intérieur d'une église ornée de vitraux, invite les fidèles à prendre part au festin divin et montre l'hostie contenue dans un ostensoir doré, placé sous un superbe dais.

A droite : Comme dans la *Parabole des Conviés*, malgré les exhortations des serviteurs du grand Roi, tous les invités invoquent des raisons pour ne pas se rendre à son appel. L'un visite une maison de campagne, un autre essaye une paire de bœufs ; un troisième, que l'on voit sous le porche d'une église, se marie. Alors, le Roi, irrité, ordonne à ses serviteurs de faire appel, pour remplir la salle du festin, aux gens du peuple, aux malheureux et même aux infirmes (*en bas, à droite*).

10° Le Pressoir mystique (1)

Dans le haut, le Père éternel et le Saint-Esprit sous la forme d'une colombe. *Au-dessous*, dans le lointain, une église.

En haut, à gauche, les premiers hommes cultivent la vigne. Des apôtres font la vendange ; l'un d'eux, saint Pierre, dans une cuve, presse les grappes de raisin d'où s'échappe le vin que d'autres, en dessous, recueillent avec empressement.

Un char contenant un baril rempli du jus de la vigne est conduit par l'évangéliste saint Mathieu. Ce char est traîné par un lion, un bœuf et un aigle (emblêmes des trois autres évangélistes).

A côté, à droite, intérieur d'une église où des fidèles viennent recevoir les sacrements de la Pénitence et de la Communion.

(1) Cette magnifique peinture sur verre, due à Nicolas Pinaigrier, date de la première moitié du XVIIe siècle. L'auteur se serait inspiré du sujet déjà traité, vers 1530, par son grand-père, Robert Pinaigrier.

Au milieu de la composition : le Christ, étendu sur un pressoir, semble écrasé par le poids de sa croix. Une partie de son corps est déjà exsanguë, le sang jaillit de ses plaies. Le précieux liquide est recueilli (*en bas*) par un pape, un cardinal (robe et chapeau rouges), divers prélats et docteurs de l'Eglise. *A droite*, le même pape, assisté d'un empereur, d'un roi (*Saint-Louis*) et du cardinal en rouge, tenant une échelle, mettent en réserve dans un

Cliché G. Dumonthier.

LE PRESSOIR MYSTIQUE

cellier, au moyen de cordages, les barils remplis du sang divin qui sera ensuite réparti dans le monde entier, sous la forme des sacrements.

(Monogrammes de saint Etienne. — Inscription se rapportant au sujet).

11° L'Institution de l'Eucharistie

La composition représente, dans le haut, une scène très ancienne (environ 2.ooo ans avant J.-C.).

Abraham, en tunique bleu foncé (*côté droit*), entouré de ses soldats armés de lances, rentre victorieux, après avoir délivré son neveu Loth, prisonnier du roi des Elamites. Melchissédech, roi de Salem, et grand-prêtre du Très-Haut, en tunique bleue, sort de la ville fortifiée, suivi de serviteurs dont les uns portent des vases précieux remplis de vin, d'autres des palmes. Il se porte au devant du vainqueur pour le féliciter et s'apprête à offrir en son honneur du pain et du vin que l'on voit sur deux tables. De son côté, Abraham se dispose à donner au grand-prêtre de l'or et de magnifiques cadeaux. Déjà, un écuyer ouvre le coffre où est enfermé le butin. (Melchissédech est considéré comme l'image du Christ instituant l'Eucharistie.)

Dans le bas, deux scènes du Nouveau Testament.

A gauche, l'Annonciation : La Vierge en prière, l'ange Gabriel tenant un lys et le Saint-Esprit sous la forme d'une colombe.

A droite, La Cène : Le Christ, entouré de ses douze apôtres, tient saint Jean sur sa poitrine ; devant, un apôtre verse du vin tandis que Judas dissimule les deniers qu'il a reçus pour prix de sa trahison.

(Monogrammes de saint Etienne. — Ecusson sans inscription).

12° Le Chêne de Mambré

Au centre, un immense chêne (le chêne de Mambré, vallée où résida longtemps Abraham) coupe en deux parties la composition.

Dans le bas, à droite, trois anges apparaissent à Abraham. Le patriarche leur offre l'hospitalité ; déjà l'on aperçoit dans la partie gauche une table garnie ; un domestique fait cuire le pain, un autre découpe le veau gras, tandis qu'un chien boit dans un baquet rempli du sang de l'animal.

Les anges annoncent à Abraham que Sara allait lui donner un fils et que, d'autre part, Dieu avait décidé de détruire Sodome et Gomorrhe en raison du désordre de ses habitants. Abraham se prosterne devant l'un de ces anges (*tres vidit et unum adoravit*) inscription placée dans le haut de la composition, et supplie le Seigneur d'épargner les justes qui peuvent se trouver parmi les habitants de ces malheureuses villes. L'on voit, un peu au-dessus, les trois anges se diriger vers Gomorrhe, tandis que, plus haut, des anges accompagnent Loth et sa famille qui fuient devant Sodome déjà en flammes.

(Monogrammes de saint Etienne. — Ecusson sans inscription).

En face de ce vitrail, sur le mur du cloître, se trouve l'épitaphe provenant de l'église de Saint-Benoît, de Jacques, Benigne *Winslow*, médecin danois, membre de l'Académie des sciences, né en 1169 à Odensée, mort à Paris en 1760, converti au christianisme par Bossuet qui lui donna ses prénoms.

(Près de là, la salle dite « des Mariages » dont nous donnons ci-dessous la description).

SALLE DES MARIAGES

Cette salle, où il existe des bancs, un grand Christ et quelques copies de tableaux anciens, notamment une toile représentant sainte Geneviève, constitue une partie du Cloître des Charniers. Quelques fragments de vitraux, comme nous l'avons dit, y ont été placés. Ils représentent :

1° Sainte Geneviève se tenant près d'une ville, ayant à la main un cierge qu'un ange allume, un démon derrière la sainte tente de le souffler. Au bas, directement au-dessous de la sainte, une tour dans laquelle pénètrent des soldats ;

2° Les figures de saint Augustin et de saint Etienne, placées au-dessus l'une de l'autre.

CHAPELLE DÉS CATÉCHISMES

La Chapelle des Catéchismes a comme fond la partie du Cloître des Charniers où les douze arcatures des fenêtres basses sont ornées des remarquables peintures sur verre que nous venons de décrire.

La construction de cette chapelle, due à Victor BALTARD, date de 1857. Au plafond, décoré de divers ornements, apparaît une toile murale de Biennoury (1859) représentant la Sainte Trinité.

Dominant l'autel en marbre blanc et sculpté de têtes d'anges, une grande statue en pierre de la Vierge (*moderne*) entourée de deux anges à genoux en prière. Près de l'autel, *à gauche*, une chaire à prêcher.

Aux angles, quatre grandes statues modernes :

A droite, saint Jean et saint Louis de Gonzague, par CHAPU (1865) ;

A gauche, saint Charles-Borromée et saint Joseph, par ALLASSEUR (1865).

Sur les parois de la chapelle, six fresques :

A droite, en regardant l'autel : trois fresques par GIACONETTI (1864) : Jésus au milieu des docteurs, Jésus et les petits enfants, La Pentecôte ;

A gauche : trois autres fresques par TIMBAL (1864) : La Présentation au Temple, Le Sermon sur la Montagne, La Communion de saint Pierre.

Une gravure et trois tableaux encadrés ornent les murs, dont une toile signée H. MICHEL représente le Christ en croix.

Les vitraux, sans intérêt, sont modernes.

LA SACRISTIE

La nouvelle et vaste Sacristie actuellement en usage donne sur une partie du Cloître des Charniers où l'on voit sur l'un des murs le plan historique de l'ancienne Paroisse. Cette sacristie fut construite de 1861 à 1868.

Quatre grandes armoires en chêne sculpté la décorent.

Quelques tableaux, copies de toiles anciennes, ornent les murs, ainsi que deux médaillons en marbre : *La Vierge* et *Le Christ*.

EUSTACHE LESUEUR

VII

LES SÉPULTURES

Peu d'églises de Paris renferment autant de sépultures que celle de Saint-Etienne-du-Mont.

Aux XVIIe et même au XVIIIe siècles, on pouvait voir sur de nombreuses dalles en marbre, la plupart aujourd'hui disparues (1) de curieuses épitaphes rappelant d'une manière pompeuse, comme il était d'usage en ce temps, les noms, qualités et mérites des défunts.

Parmi les personnages inhumés dans le sous-sol de l'église, nous citerons :

BLAISE DE VIGENERE, mort en 1596, savant renommé par ses traductions d'ouvrages anciens latins et grecs.

NICOLAS THOGNET, mort en 1642, célèbre chirurgien, inhumé dans le bas-côté droit, derrière la chaire.

EUSTACHE LESUEUR, né à Paris en 1616, mort en 1655 à l'âge de 39 ans. Célèbre peintre, élève de Vouet, surnommé le « Raphaël français ». Outre la vie de saint Bruno en vingt-cinq tableaux, LESUEUR peignit aussi pour diverses églises de nombreuses toiles à sujets religieux, notamment pour Saint-Etienne-du-Mont. Ces tableaux sont aujourd'hui, pour la plupart, au Musée du Louvre.

JEAN PERRAU, mort en 1645, savant, professeur, membre de l'Académie royale. Son épitaphe se trouvait sur l'un des piliers de l'enceinte du chœur.

---

(1) Il en reste encore quelques-unes notamment dans le bas-côté droit à l'entrée de la chapelle du Sacré-Cœur et dans une chapelle latérale (bas-côté gauche). Les inscriptions sont malheureusement à demi effacées

Pierre Perrault, mort en 1632, avocat au Parlement, père
des trois frères Perrault : Pierre, Claude et Charles, dont l'un architecte est l'auteur de la Colon-
nade du Louvre et l'autre écrivain à qui l'on doit
les fameux *Contes*.

Dans l'enceinte du chœur, se trouvait son épitaphe inscrite sur une table en marbre blanc
soutenue par un Génie en pleurs tenant à la main
un flambeau renversé. Sculptures dues à François
Girardon. (Epitaphe aujourd'hui disparue.)

J.-B. Morin, célèbre astronome, né à Villefranche en 1583,
mort à Paris en 1656.

Pierre Barbay. Professeur de philosophie à l'Université
de Paris, décédé en 1664.

Son épitaphe se trouvait fixée au premier pilier
de la Chapelle de Saint-Benoît.

Charles Rollin. Professeur et écrivain, né à Paris en 1661
et mort en 1741.

Jean Gallois. Abbé de Saint-Martin-de-Core, théologien et
professeur de langue grecque, membre de l'Académie royale. Né à Paris en 1642, mort en 1707.

François Pinsson. Avocat au Parlement de Paris et homme
de lettres. Né à Bourges en 1612, mort à Paris
en 1691 ;

et bien d'autres encore, notamment Jean Edeline, décédé
en 1568, Nicolas Bouchy, Claude Boucher, Lucien Mar-
guillier et leurs femmes, Jacques Ruelle, Jean Garnier,
Jean Lenoir et sa famille, Guillaume Feydeau, Jacques
Sellier, Charles Brice, Claude Veillard et sa famille,
Guillaume Le Juge et sa femme, Pierre Bertier,
Robert Regnard, Pierre du Guié, Mathias Herault, etc...

En 1710, lors de la démolition des bâtiments de la célèbre abbaye de Port-Royal-des-Champs, certains de ses
pensionnaires et non les moins célèbres qui reposaient
dans le cimetière de Magny-les-Hameaux, près Chevreuse,

JEAN RACINE

commune située sur le territoire où se trouvait l'abbaye, furent transportés à Saint-Etienne-du-Mont et inhumés derrière le chœur, près de la Chapelle de la Vierge, sans qu'on puisse en déterminer l'endroit exact.

Ce sont

JEAN RACINE, né à La Ferté-Milon en 1639 et mort à Paris en 1699. Son épitaphe, composée par Boileau, longtemps oubliée dans l'église de Magny-les-Hameaux, ne fut transportée à Saint-Etienne-du-Mont qu'en 1818. Cette épitaphe en plusieurs morceaux aujourd'hui recolés, est placée maintenant à l'entrée de la Chapelle du Sacré-Cœur (bas-côté droit).

BLAISE PASCAL, né à Clermont-Ferrand en 1623, mort à Paris en 1662, dans la maison qu'il habitait au n° 8 de la rue Neuve-Saint-Etienne.

Son épitaphe se trouve, comme celle de Jean Racine à l'entrée de la Chapelle du Sacré-Cœur. Une petite plaque en marbre, placée de chaque côté de la Chapelle de la Vierge, rappelle que Blaise Pascal et Jean Racine reposent à cet endroit.

LOUIS-ISAAC LEMAITRE, dit DE SACI, né en 1613 et mort en 1684 au château de Pomponne (Brie). Prêtre, théologien janséniste, directeur spirituel des Pensionnaires de Port-Royal.

ANTOINE LEMAISTRE, dit DE SACI, frère du précédent, avocat au Conseil d'Etat, né en 1607, mort en 1658.

On n'enterrait pas seulement dans le sous-sol de l'église, mais aussi dans deux cimetières, l'un grand et l'autre petit.

Le grand cimetière s'étendait devant l'église, sur la place du Carré-de-Sainte-Geneviève. Il occupait une partie de cette place et de la chaussée, notamment l'emplacement de l'actuel bâtiment où se trouve l'administration

BLAISE PASCAL

de la Bibliothèque Sainte-Geneviève. Ce cimetière, réservé aux nombreux habitants de la paroisse, fut désaffecté en 1794.

Le petit cimetière, situé en dehors de l'église, derrière la Chapelle de la Vierge, comme nous l'avons déjà dit, était entouré sur trois côtés par le Cloître des Charniers transformé aujourd'hui en cour intérieure pavée (1).

C'est dans ce cimetière que furent inhumés :

PIERRE PETIT, littérateur, né en 1616, mort en 1687.

NICOLAS LEFEVRE, abbé, né en 1616, mort en 1708, sous-précepteur des petits-fils de Louis XIV.

JOSEPH PITTON DE TOURNEFORT, botaniste célèbre, né en 1656, mort en 1708 (2).

MIRABEAU ET MARAT

Mirabeau et Marat, après un court séjour sous la coupole du Panthéon, furent également inhumés dans ce petit cimetière où ils reposent encore.

GABRIEL-HONORÉ DE RIQUETTI, Comte de MIRABEAU, mourut à Paris, le 2 avril 1791. Il fut le premier citoyen auquel l'Assemblée Constituante décerna les honneurs du Panthéon, désormais destiné à recevoir *les cendres des grands hommes de l'époque de la Liberté française*. Mais, en attendant que certaines dispositions fussent prises, les restes de Mirabeau demeurèrent dans un caveau de l'ancienne abbaye de Sainte-Geneviève où, le 4 avril 1791, ils avaient été transportés solennellement.

Peu de jours après, Mirabeau entrait au Panthéon.

Il y était à peine depuis deux ans que la Convention

(1) Lors de la récente réfection du pavage de cette cour, les ouvriers découvrirent, à très peu de profondeur du sol, divers ossements : crânes, tibias, etc...

(2) Quelques auteurs indiquent ces personnages comme ayant été enterrés dans le grand cimetière, nous ne le pensons pas.

Nationale décrétait (1) le 25 novembre 1793 (5 Frimaire an III) qu'en raison de ses intelligences avec la Cour, cet orateur devait être exclu du Temple des Grands Hommes et que Marat, au contraire, était digne d'y entrer.

Marat, qui, le 13 juillet 1793, était tombé sous le poignard de Charlotte Corday, avait été transporté, en grande pompe, au Jardin des Cordeliers.

Toutefois, l'exécution du décret précité concernant ces deux hommes n'eut lieu que plus tard, un an après, le 21 septembre 1794, et c'est à cette époque que Mirabeau, retiré du Panthéon, alors que Marat y entrait, fut enterré dans le petit cimetière de Saint-Étienne-du-Mont.

Une année s'était à peine écoulée, oh ! vicissitude des temps, que Marat venait l'y rejoindre (2).

En effet, en 1795, à la chute des Thermidoriens, l'*ami*

---

(1) Texte du décret rendu par la Convention Nationale :

Séance du 5 Frimaire an III

La Convention nationale, après avoir entendu le rapport de son Comité d'Instruction publique, considérant qu'il n'est point de grand homme sans vertu,

Décrète :

Article premier. — Le corps d'Honoré Gabriel Riquetti Mirabeau sera retiré du Panthéon français ;

Art. 2. — Le même jour que le corps de Mirabeau sera retiré du Panthéon français, celui de Marat y sera transféré ;

Art. 3. — La Convention nationale, le Conseil exécutif provisoire, les autorités constituées de Paris et les Sociétés populaires assisteront en corps à cette cérémonie.

(2) On a prétendu que les restes de Marat avaient été jetés dans un égout de la rue Montmartre. La lettre suivante, dont nous respectons la rédaction, adressée à l'Inspecteur du Panthéon, Soufflot (neveu du grand architecte), dément cette version :

La Commission exécutive de l'Instruction Publique

Au citoyen Soufflot, Inspecteur du Panthéon.

Citoyen,

La famille de feu Marat ne s'étant pas présentée pour enlever son corps du Panthéon, ainsi que l'a fait la famille Lepelletier au terme de la loi du 20 Pluviôse dernier, nous vous invitons et autorisons, comme Inspecteur du Panthéon, à donner les ordres nécessaires pour que la loi ait la plus prompte exécution et que le corps de feu Marat soit inhumé dans le cimetière le plus voisin.

Salut et fraternité.

signé : Giugené. Adj.

7 Ventôse, IIIe année.

TRANSPORT DU CORPS DE MIRABEAU EN L'ÉGLISE ABBATIALE DE SAINTE-GENEVIEVE
avant son transfert au Panthéon
(avril 1791)

du Peuple fut trouvé alors indigne du Panthéon. Exclu de ce Temple, il fut inhumé dans le *cimetière le plus voisin,* c'est-à-dire dans celui de Saint-Etienne-du-Mont.

A ce moment, l'on retira les cercueils de Mirabeau et de Marat des enveloppes de plomb qui les renfermaient. Ces enveloppes vides, aujourd'hui disparues, restèrent plusieurs années dans une pièce attenante au cimetière (1).

Descartes, mort à Stockholm en 1649 et dont le corps reposait depuis 1667 dans l'ancienne abbaye de Sainte-Geneviève, devait être également transporté au Panthéon, en vertu du décret rendu par la Convention le 2 octobre 1793.

Mais ce décret, comme beaucoup d'autres, ne fut pas exécuté et les cendres de ce grand philosophe furent quelques années plus tard envoyées en l'église de Saint-Germain-des-Prés où elles sont encore.

(1) D'après une communication de M. E. Coyecque, l'enveloppe en plomb qui avait contenu le cercueil de Mirabeau fut réclamée par sa sœur, Mme de Lasteyrie, à qui elle fut remise en décembre 1798.